머리말

안녕하세요!
만화가 부부 인호빵(김인호, 남지은)이에요!
<쓱 읽어도 싹 이해되는 초등 속담>에 이어, 쓱싹 시리즈 2탄 <사자성어>
편으로 다시 인사드리게 되어 무척 기뻐요!

여러분, 사자성어에 대해 알고 계신가요?
'사자성어'에서 '사자(四字)'는 '네 글자'를 뜻해요. 어떤 상황이나 사람의 감정, 교훈 등의 의미를 네 글자 안에 담고 있는 말이 바로 '사자성어'예요.

예를 들어볼게요! '과유불급'이라는 말은 '아무리 좋은 것도 지나치면 좋지 않다'는 교훈을 담고 있어요. 또, '마이동풍'이라는 말은 '남의 비평이나 의견을 조금도 귀담아 듣지 아니하고 흘려버린다'는 의미를 담고 있어요. 겨우 네 글자밖에 안 되는데, 이렇게 깊은 뜻이 담겨 있다니 참 놀랍죠?

사자성어는 중국의 옛이야기에서 유래한 경우도 있고, 속담과 똑같은 의미를 담고 있는 사자성어도 있답니다. 그래서 속담과 함께 사자성어를 공부하면 더 잘 이해가 될 거예요!

사자성어는 사회와 정치의 여러 모습을 풍자적으로 간결하게 표현할 수 있기 때문에 뉴스 기사에서도 자주 접할 수 있어요. 다음에 뉴스를 보게 될 때 귀를 쫑긋 세워서 사자성어를 찾아보세요! 아마 한두 개쯤 우리 친구들이 아는 사자성어를 찾을 수 있을 거예요!

그럼 이제 본격적으로 책을 펼치고, 일상에서 유용하게 쓰이는 100개의 사자성어를 익혀 볼까요? 사자성어를 통해 보다 편리하고 간결하게 생각을 전달하는 재미를 느낄 수 있을 거예요!

인호빵

인물소개

아빠 김 작가

20년 차 웹툰 작가로, 연재 때문에 바쁘지만 언제나 가족과 함께 더 많은 시간을 보내려고 애쓰는 다정한 아빠!

엄마 남 작가

아빠와 함께 작품을 만드는 만화 스토리 작가! 네 명의 자녀를 홈스쿨링하며 함께 배우고 성장하는 중이다.

첫째 아들 션

청소년기에 접어들어 가끔 성숙한 모습을 보이기도 하는 든든한 첫째! 그림 그리는 시간이 세상 제일 행복하다고 한다.

둘째 아들 뚜

농구와 음악을 사랑하는 멋진 둘째! 쑥쑥 자라고 있지만 아직도 개구쟁이 모습을 유지하고 있다. 힘이 세서 가족에 많은 도움을 준다.

형들 놀리는 재미로 사는 셋째 혀니! 엉뚱하고 유쾌한 장난꾸러기지만 그림 그릴 때는 세상 진지한 예술가가 된다.

엄마 아빠한텐 애교 만점 사랑스러운 막내딸! 오빠들한텐 목소리로 휘어잡는 여장부! 노래와 장난감 놀이를 제일 좋아한다.

팔다리가 길고 똑똑하다. 소심한 성격 탓에 폴과 친해지는 데 시간이 걸렸지만, 지금은 폴과 둘도 없는 단짝이다.

팔다리가 짧고 털이 엄청나게 많다. 목소리가 우렁차며 엄청 빠르게 뛰어다니는 게 특기로, 성격이 급한 편이다.

이렇게 활용하세요

1 초등 아이들에게 꼭 필요한 사자성어 100개를 뽑았어요.

2 일상에서 자주 쓰는 문장을 사자성어와 연결하여 그 뜻을 다시 한번 확인할 수 있어요.

3

엄마, 아빠, 그리고 션, 뚜, 혀니, 랄라 네 남매의 재미있고 유쾌한 대화를 만화로 구성하여 생활 속에서 사자성어의 쓰임을 자연스럽게 이해할 수 있어요.

4

사자성어를 이루는 한자의 뜻과 음을 소개하고, 한자를 그대로 풀이하여 사자성어를 확실히 알고 넘어갈 수 있어요. 또 그 유래나 역사 이야기를 넣어 그 뜻을 깊이 이해할 수 있어요.

001	각주구검	12
002	감탄고토	14
003	개과천선	16
004	견물생심	18
005	견원지간	20
006	결초보은	22
007	경국지색	24
008	고진감래	26
009	과유불급	28
010	괄목상대	30
011	군계일학	32
012	권선징악	34
013	금상첨화	36
014	금의환향	38
015	난형난제	40
016	낭중지추	42
017	다다익선	44
018	다사다난	46
019	대기만성	48
020	대동단결	50
021	도원결의	52
022	동문서답	54
023	동병상련	56
024	동상이몽	58
025	마이동풍	60

026	만장일치	62
027	맥수지탄	64
028	명불허전	66
029	문전성시	68
030	반신반의	70
031	백전백승	72
032	사면초가	74
033	사상누각	76
034	사필귀정	78
035	산전수전	80
036	살신성인	82
037	삼고초려	84
038	삼한사온	86
039	새옹지마	88
040	선견지명	90
041	설상가상	92
042	소탐대실	94
043	속수무책	96
044	수주대토	98
045	아비규환	100
046	아전인수	102
047	양자택일	104
048	어부지리	106
049	언중유골	108
050	역지사지	110

051	오리무중	112
052	오매불망	114
053	오비이락	116
054	오합지졸	118
055	온고지신	120
056	와신상담	122
057	외유내강	124
058	용두사미	126
059	우공이산	128
060	우이독경	130
061	유구불언	132
062	유일무이	134
063	이심전심	136
064	인과응보	138
065	일거양득	140
066	일장춘몽	142
067	일취월장	144
068	일편단심	146
069	임기응변	148
070	입신양명	150
071	자격지심	152
072	자승자강	154
073	자업자득	156
074	작심삼일	158
075	전전긍긍	160

076	전화위복	162
077	점입가경	164
078	조삼모사	166
079	주객전도	168
080	주경야독	170
081	죽마고우	172
082	지록위마	174
083	지피지기	176
084	진퇴양난	178
085	천신만고	180
086	천재지변	182
087	청출어람	184
088	초지일관	186
089	촌철살인	188
090	침소봉대	190
091	타산지석	192
092	토사구팽	194
093	파죽지세	196
094	표리부동	198
095	풍전등화	200
096	함흥차사	202
097	형설지공	204
098	호가호위	206
099	화룡점정	208
100	희로애락	210

 각주구검 刻舟求劍

어리석고 융통성 없이 현실에 맞지 않는 낡은 생각을 고집한다는 말이다.

 좋은 새 장비를 놔두고 낡은 옛 기계만 고집하는 것은 각주구검의 태도이다.

융통성 그때그때 일의 형편에 따라 적절하게 일을 처리하는 재주

+ 한자 뜻과 음

刻 새길 각, 舟 배 주, 求 구할 구, 劍 칼 검

+ 사자성어 직독직해

배(주)에 표시를 새겨(각) 칼(검)을 구하다(구).

쓱-싹- 002 감탄고토 甘吞苦吐

자기에게 이로우면 이용하고 필요 없는 것은 배척한다는 말이다.

필요할 땐 도와달라고 부탁하더니 필요 없어지니까 집으로 돌아가라고 하는 너의 감탄고토의 태도는 정말 실망이다.

배척 따돌리거나 거부하여 밀어 내침.

➕ **한자 뜻과 음**

甘 달 감, 呑 삼킬 탄, 苦 쓸 고, 吐 토할 토

➕ **사자성어 직독직해**

달면(감) 삼키고(탄) 쓰면(고) 뱉는다(토).

쓱·싹 003 개과천선 改過遷善

과거의 잘못을 고쳐 착하게 되었다는 말이다.

그 도둑은 주인의 자비를 받아 용서를 구했고, 훗날 개과천선하여 나타났다.

한자 뜻과 음
改 고칠 개, 過 지날 과, 遷 옮길 천, 善 착할 선

사자성어 직독직해
지난날(과)의 잘못을 고쳐서(개) 착한 일(선)을 행한다(천).

쓱-싹- 004 견물생심 見物生心

어떠한 물건을 보게 되면 가지고 싶은 욕심이 생긴다는 말이다.

견물생심이라더니, 문방구에 가서 예쁜 것을 보면 필요하지 않은 것도 사고 싶은 마음이 든다.

➕ 한자 뜻과 음

見 볼 견, 物 물건 물, 生 날 생, 心 마음 심

➕ 사자성어 직독직해

물건(물)을 보면(견) 가지고 싶은 마음(심)이 생긴다(생).

견원지간 犬猿之間

개와 원숭이처럼 사이가 매우 나쁜 관계를 말한다.

민주와 유진이는 한때 견원지간처럼 지낸 적이 있다.

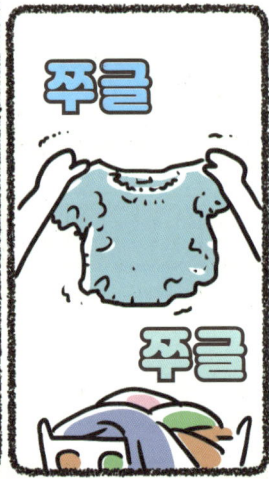

+ 한자 뜻과 음

犬 개 견, 猿 원숭이 원, 之 갈 지, 間 사이 간

+ 사자성어 직독직해

개(견)와 원숭이(원)의(지) 사이(간)

결초보은 結草報恩

죽은 후에라도 은혜에 보답한다는 말이다.

깜박 잊고 가져오지 않은 내 미술 준비물까지 챙겨 준 친구를 위해 반드시 결초보은할 생각이다.

보답하다 남의 호의나 은혜를 갚다.

한자 뜻과 음

結 맺을 결, 草 풀 초, 報 갚을 보, 恩 은혜 은

사자성어 직독직해

풀(초)을 묶어서(결) 은혜(은)를 갚는다(보).

007 경국지색 傾國之色

뛰어나게 아름다운 미인을 뜻하는 말이다.

옛날엔 경국지색이라 할 만한 미인들이 많았다고 한다.

➕ 한자 뜻과 음

傾 기울 경, 國 나라 국, 之 갈 지, 色 빛 색

➕ 사자성어 직독직해

나라(국)를 기울일(경) 만큼 영향을 끼칠(지) 얼굴(색)

008 고진감래 苦盡甘來

고생 끝에 즐거움이 온다는 말이다.

젊은 시절 가족을 위해 고생하셨던 할아버지는 고진감래를 기대하시며 하루하루 버티셨다고 한다.

➕ 한자 뜻과 음

苦 쓸 고, 盡 다할 진, 甘 달 감, 來 올 래(내)

➕ 사자성어 직독직해

쓴(고) 것이 다하면(진) 단(감) 것이 온다(래).

과유불급 過猶不及

정도가 지나치면 안 한 것만 못하다는 말이다.

나는 과유불급을 잊어버리고 아이스크림을 너무 많이 먹어서 결국 배탈이 났다.

한자 뜻과 음

過 지날 과, 猶 오히려 유, 不 아닐 부,
아닐 불, 及 미칠 급

사자성어 직독직해

정도를 지나치면(과) 오히려(유)
미치지(급) 못한(불) 것과 같다.

010 괄목상대 刮目相對

상대방의 학식이나 업적, 또는 재주가 놀랄 만큼 크게 늘었음을 이르는 말이다.

피아노 실력이 괄목상대할 것을 기대하며 나는 오늘도 최선을 다해 피아노 연습을 했다.

학식 배워서 얻은 지식　**업적** 어떤 사업이나 연구 따위에서 세운 공적

+ 한자 뜻과 음

刮 긁을 괄, **目** 눈 목, **相** 서로 상, **對** 대할 대

+ 사자성어 직독직해

눈(목)을 비비고(괄) 상대를(상) 대한다(대).

011 군계일학 群鷄一鶴

많은 사람들 중에서 뛰어난 한 사람을 이르는 말이다.

내 짝꿍은 똑똑하고 적극적인 성격 때문에 친구들 사이에서 군계일학이었다.

+ **한자 뜻과 음**

群 무리 군, 鷄 닭 계, 一 한 일,
鶴 학 학

+ **사자성어 직독직해**

닭(계)의 무리(군) 가운데에서
한 마리(일)의 학(학)

012 권선징악 勸善懲惡

착한 일을 권장하고 악한 일을 징벌한다는 말이다.

나는 권선징악이 담긴 옛날이야기를 좋아한다.

권장하다 권하여 좋은 일에 힘쓰도록 북돋아 주다.

➕ **한자 뜻과 음**

勸 권할 권, 善 착할 선, 懲 징계할 징, 惡 악할 악

➕ **사자성어 직독직해**

착한 것(선)을 권하고(권) 악한 것(악)을 징벌(징)한다.

013 금상첨화 錦上添花

좋은 일에 좋은 일이 더하여져서 더욱 좋게 된다는 말이다.

이번 여행은 주변 경치도 좋고 음식도 맛있고 잠자리도 포근해서 금상첨화였다.

➕ 한자 뜻과 음

錦 비단 금, 上 윗 상, 添 더할 첨, 花 꽃 화

➕ 사자성어 직독직해

비단(금) 위(상)에 꽃(화)을 더한다(첨).

금의환향 錦衣還鄉

출세하여 고향에 돌아오는 것을 뜻하는 말이다.

오늘은 올림픽에서 금메달을 딴 양궁 대표팀이 금의환향하였다.

출세 사회적으로 높은 지위에 오르거나 유명하게 됨.

어머니! 저희 형제는 훌륭한 스포츠 선수가 되고 싶어요!

맞아요! 열심히 운동해서 스포츠 분야에서 세계 무대에 우뚝 서고 싶어요!

그래서 손흥민 선수처럼 **금의환향**하겠습니다.

금의환향하겠습니다!

...

난형난제 難兄難弟

서로 비슷하여 누가 더 나은지 결정하기가 어렵다는 말이다.

민제와 성수는 난형난제의 농구 대결을 펼쳤다.

장모님! 짐 이쪽에 놓으면 되죠?

그래, 김 서방. 고맙네!

얘들은 요즘 어떻게 지내나?

매일 그림 그리면서 지내요.

이게 랄라 그림이에요!

아유! 잘 그리네. 우리 랄라!

이건 션 그림이고요.

진짜 잘 그리네. 우리 손자!

이건 뚜 그림. 뚜도 잘 그리죠?

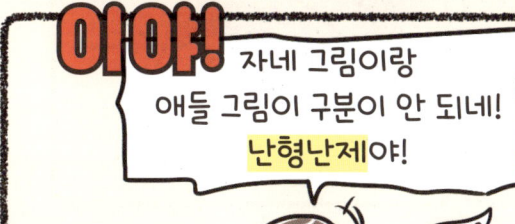

➕ 한자 뜻과 음

難 어려울 난, 兄 형 형, 弟 아우 제

➕ 사자성어 직독직해

누구를 형(兄)이라 하기도 어렵고(難) 아우(弟)라 하기도 어렵다(難).

016 낭중지추 囊中之錐

재능이 뛰어난 사람은 숨어 있어도 저절로 드러나게 된다는 말이다.

나의 피아노 연주 실력을 보신 선생님께서 나를 낭중지추 같은 사람이라고 말씀해 주셨다.

➕ 한자 뜻과 음

囊 주머니 낭, 中 가운데 중, 之 갈 지,
錐 송곳 추

➕ 사자성어 직독직해

주머니(낭) 속(중)에 있는(지) 송곳(추)

다다익선 多多益善

많으면 많을수록 더욱 좋다는 말이다.

여름 방학 때 구청에서 봉사 활동을 하기로 했는데, 다다익선이라고 봉사자가 많이 오면 좋겠다.

서점

엄마! 저 이 책들 사고 싶어요!

세 권이나?

저도 이 책들 사 주세요!

저도 두 권 골랐어요.

…

쓱·싹 018 다사다난 多事多難

여러 가지 일이 많고 어려움이나 탈도 많았다는 말이다.

지난해는 정말 다사다난한 해였다.

탈 ❶ 뜻밖에 일어난 걱정할 만한 사고 ❷ 몸에 생긴 병 ❸ 핑계나 트집

아이고!

오랜만이네. 김 작가!

아니, 이게 누구야? 삼식아, 그동안 어떻게 지냈어?

다사다난했지! 애들이 외국으로 대학을 가서 집이 휑해졌어!

와! 쌍둥이들이 벌써 대학생이 됐구나! 축하해! 아내도 잘 지내지?

아내가 많이 아파! 지금도 병원에 가는 길이야.

아… 아프신지 몰랐네. 하던 일은 계속하고 있고?

한자 뜻과 음

多 많을 다, 事 일 사, 難 어려울 난

사자성어 직독직해

일(사)도 많고(다) 어려움(난)도 많다(다).

019 대기만성 大器晚成

크게 될 사람은 오랜 시간과 노력 후에 늦게 이루어진다는 말이다.

칠 십이라는 늦은 나이에 정상에 우뚝 선 그를 보고 모두들 대기만성형 인간이라고 하였다.

한자 뜻과 음

大 큰 대, 器 그릇 기, 晩 늦을 만, 成 이룰 성

사자성어 직독직해

큰(대) 그릇(기)이 완성(성)되기까지는 오랜 시간(만)이 걸린다.

020 대동단결 大同團結

목적을 이루기 위해 여럿이서 크게 한 덩어리로 뭉친다는 말이다.

 나라가 어려움에 처했을 때 국민들이 대동단결하는 모습은 정말 감동적이었다.

흠….

얘들아! 저녁에 뭐 먹을까? 아침에 남은 국 데워서 먹을까?

아니면 남은 반찬에 고추장 넣어서 비빔밥 해 먹을까? 아니면 멸치랑 김 있는데 주먹밥 해 먹을까?

잠시만요. 동생들과 의논 좀 해 볼게요!

속닥속닥~ 수근수근~

한자 뜻과 음

大 큰 대, 同 한가지 동, 團 둥글 단, 結 맺을 결

사자성어 직독직해

크게(대) 하나의(동) 덩어리로 모여(단) 뭉친다(결).

021 도원결의 桃園結義

의형제 맺는 것을 뜻하는 말이다.

초등학교 졸업식에서 나는 가장 친한 친구 다섯 명과 함께 도원결의하였다.

의형제 같은 부모님 밑에서 태어난 사이가 아닌, 맹세로서 맺어진 형제

너희들은 내가 슬플 때면 나를 위로해 주었고

내가 기쁠 때면 함께 기뻐해 주었어.

난 항상 너희들을 보면서 힘을 낼 수 있었지!

우리 도원결의하자!

생명이 다할 때까지, 아니 그 이후로도 영원히 형제가 되는 거야!

한자 뜻과 음

桃 복숭아 도, 園 동산 원, 結 맺을 결, 義 옳을 의

사자성어 직독직해

복숭아(도) 동산(원)에서 의형제(의)를 맺다(결).

동문서답 東問西答

질문에 맞지 않는 엉뚱한 대답을 하는 상황을 뜻하는 말이다.

오늘 학교에서 발표를 했는데, 갑자기 친구가 곤란한 질문을 하기에 일부러 동문서답을 하였다.

한자 뜻과 음

東 동녘 동, 問 물을 문, 西 서녘 서, 答 답할 답

사자성어 직독직해

동쪽(동)에 관해 묻는데(문) 서쪽(서)에 관해 대답(답)한다.

동병상련 同病相憐

어려운 상황에 있는 사람들끼리 서로를 불쌍히 여기며 돕는다는 말이다.

할머니와 할아버지는 배고픈 시절에 먹을 것을 나눠 먹으며 동병상련의 정을 나누었다.

한자 뜻과 음

同 한가지 동, 病 병 병, 相 서로 상, 憐 불쌍히 여길 련(연)

사자성어 직독직해

한 가지(동) 병(병)을 앓는 사람끼리 서로(상) 불쌍히 여긴다(련).

024 동상이몽 同床異夢

서로 같은 상황에서 같은 것을 보면서도 서로 다른 생각을 한다는 말이다.

우린 쌍둥이로 얼굴도 비슷하고 목소리도 비슷하지만 성격이 서로 너무 달라서 늘 동상이몽을 한다.

+ **한자 뜻과 음**

同 한가지 동, 床 평상 상, 異 다를 이(리), 夢 꿈 몽

+ **사자성어 직독직해**

같은(동) 침상(상)에서 서로 다른(이) 꿈(몽)을 꾼다.

025 마이동풍 馬耳東風

다른 사람의 말을 제대로 듣지도 않고 무시하여 흘려 버리는 것을 뜻하는 말이다.

아까부터 내 이야기를 제대로 듣는 것 같지 않던데 너한테 이런 이야기를 해 봤자 마이동풍이겠지!

흠...

색칠을 어떻게 해야 좋을까?

형! 마커로 해. 형 마커 색칠 전문가 뺨치잖아!

색연필로 해. 그게 더 멋있을 거야!

크레용으로 하면 안 돼? 나는 크레용이 제일 좋던데!

오! 스케치 완성했네? 이제 색칠만 잘하면 되겠구나!

026 만장일치 滿場一致

어떤 일에 대한 모든 사람의 의견이 똑같다는 말이다.

만장일치로 민석이가 이번 학기 회장으로 뽑혔다.

한자 뜻과 음

滿 찰 만, 場 마당 장, 一 한 일, 致 이를 치

사자성어 직독직해

마당(장)에 가득 찬(만) 사람들이 하나(일)를 이루다(치).

027 맥수지탄 麥秀之歎

나라가 망해서 옛날과 달라진 모습을 보니 슬프다는 말이다.

전쟁으로 고향을 떠났던 사람들이 전쟁이 끝나자 고향으로 돌아와 맥수지탄의 슬픔을 나누었다.

+ 한자 뜻과 음

麥 보리 맥, 秀 빼어날 수, 之 갈 지, 歎 탄식할 탄

+ 사자성어 직독직해

보리(맥)가 잘 자란(수) 것(지)을 탄식(탄)한다.

028 명불허전 名不虛傳

괜히 유명한 것이 아니라 유명한 이름에 걸맞은 실력이 있음을 뜻하는 말이다.

우리나라의 자랑스런 가수인 BTS는 이번 무대에서도 이름에 걸맞게 명불허전의 공연을 펼쳤다.

+ **한자 뜻과 음**

名 이름 명, 不 아닐 불, 虛 빌 허, 傳 전할 전

+ **사자성어 직독직해**

이름(명)이 헛되이(허) 전해진(전) 것이 아니다(불).

029 문전성시 門前成市

쓱·싹·

대문 앞에 시장을 이룬 것처럼 찾아오는 사람이 많다는 말이다.

오빠가 좋아하는 가수 집 앞에 갔더니 이미 팬들이 문전성시를 이루고 있었다.

🟥 한자 뜻과 음

門 문 문, 前 앞 전, 成 이룰 성, 市 저자 시

🟩 사자성어 직독직해

문(문) 앞(전)이 시장(시)을 이룬다(성).

030 반신반의 半信半疑

어느 정도 믿기도 하면서 한편으로는 의심하기도 한다는 말이다.

오빠는 자주 나와의 약속을 지키지 않았기 때문에 이제는 무슨 약속을 해도 나는 반신반의하곤 한다.

한자 뜻과 음

半 반 반, 信 믿을 신, 疑 의심할 의

사자성어 직독직해

반(半)은 믿고(信) 반은 의심(疑)한다.

백전백승 百戰百勝

싸울 때마다 늘 이긴다는 말이다.

나는 동생과 말싸움하면 늘 백전백승이다.

내가 졌다. 여보! 당신이 이겼어.

훗!

또 엄마가 이겼어요?

응! 엄마는 아빠한테 언제나 백전백승이야!

원래 더 많이 사랑하는 사람이 봐주는 법이지!

훗!

실력 없는 자의 변명으로 들리는데?

어? 내가 당신한테 일부러 져준 거 진짜 몰라?

전혀 모르겠는데?

➕ 한자 뜻과 음

百 일백 백, 戰 싸움 전, 勝 이길 승

➕ 사자성어 직독직해

백(백) 번 싸워서(전) 백 번 이긴다(승).

032 사면초가 四面楚歌

누구에게도 도움을 받지 못하는 외롭고 난처한 상황을 뜻하는 말이다.

수영을 잘한다고 큰소리치고 수영장에 왔는데, 이제 와서 못한다고 하기도 그렇고 딱 사면초가 상황이로구나!

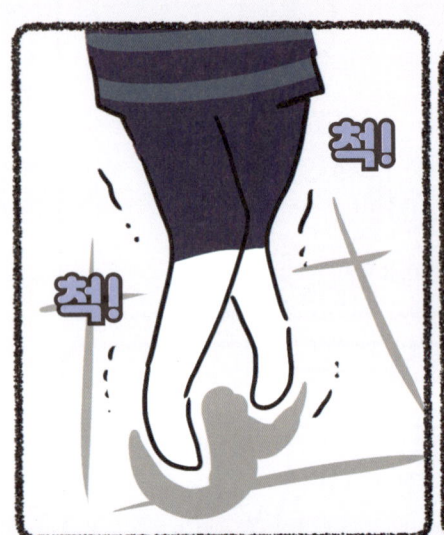

한자 뜻과 음

四 넉 사, 面 낯 면, 楚 초나라 초, 歌 노래 가

사자성어 직독직해

사(四) 면(面)에서 초나라(楚)의 노래(歌)가 들린다.

사상누각 沙上樓閣

겉은 화려하지만 속은 기초가 부실하여 곧 무너질 것 같은 일을 뜻하는 말이다.

많은 사람들의 지지를 받는 일이라고 해도, 기초가 튼튼하지 않으면 사상누각이 될 수도 있다.

부실하다 튼튼하지 못하고 약하다.

한자 뜻과 음

沙 모래 사, 上 윗 상, 樓 다락 루(누), 閣 집 각

사자성어 직독직해

모래(사) 위에(상) 세운 다락집(누각)

034 사필귀정 事必歸正

잘못된 것처럼 보여도 결국에는 모두 바르게 돌아오게 된다는 말이다.

그동안 잘못을 저지르고도 제대로 반성도 안 하더니 이제 모든 것이 밝혀져서 그가 처벌을 받게 된 것은 사필귀정이다.

➕ 한자 뜻과 음

事 일 사, 必 반드시 필, 歸 돌아갈 귀, 正 바를 정

➕ 사자성어 직독직해

무슨 일(사)이든지 반드시(필) 바르게(정) 돌아간다(귀).

035 산전수전 山戰水戰

세상의 온갖 어려움을 다 경험해 봤다는 말이다.

20년이 넘도록 떠돌이 생활을 하던 그는 산전수전을 다 겪었다.

한자 뜻과 음
山 메 산, 戰 싸움 전, 水 물 수

사자성어 직독직해
산(산)에서도 싸우고(전)
물(수)에서도 싸웠다(전).

036 살신성인 殺身成仁

자신의 몸을 희생하여 옳은 일을 행한다는 말이다.

가게에 불이 나자 소방관들은 살신성인하는 자세로 불을 끄고 많은 사람을 구해냈다.

한자 뜻과 음

殺 죽일 살, 身 몸 신, 成 이룰 성, 仁 어질 인

사자성어 직독직해

자신의 몸(신)을 희생하여(살) 옳은 도리(인)를 이룬다(성).

쓱·싹 037 삼고초려 三顧草廬

뛰어난 인재를 얻기 위해서는 참을성을 가지고 정성을 다해야 한다는 말이다.

포기하려고도 했지만, 다시 마음을 먹고 삼고초려한 끝에 인기 강사를 학교 축제에 초빙할 수 있었다.

초빙 예를 갖추어 불러 맞아들임.

한자 뜻과 음

三 석 삼, 顧 돌아볼 고, 草 풀 초, 廬 농막집 려(여)

사자성어 직독직해

초가(초)집(려)을 세 번(삼)이나 돌아본다(고).

삼한사온 三寒四溫

3일은 춥고 4일은 따뜻하다는 겨울철 날씨 현상을 뜻하는 말이다.

겨울에 3일은 춥고 4일은 따뜻한 삼한사온 현상이 나타나는 게 참 신기하다.

한자 뜻과 음

三 석 삼, 寒 찰 한, 四 넉 사, 溫 따뜻할 온

사자성어 직독직해

삼 일(삼)은 차갑고(한) 사 일(사)은 따뜻하다(온).

039 새옹지마 塞翁之馬

좋은 일이 나쁜 결과로 이어질 수도 있고, 나쁜 일이 좋은 결과로 이어질 수도 있다는 말이다.

방 청소까지 하며 구석구석 살펴보았지만 지갑을 찾지 못하였다. 그런데 방 청소를 하였다고 엄마가 지갑을 선물로 사 주셨다. 인생은 새옹지마라더니 어른들 말씀이 딱 맞구나!

아야!

이제 농구 그만하고, 다 나을 때까지 잘 쉬어야 돼!

농구를 못한다니 정말 속상해요.

실력이 안 좋으니 다치지! 농구 초보자 뚜야!

어쩔수 없네! 우리 둘이 농구하자! 형!

쳇! 나도 농구하고 싶은데….

잠깐! 션이랑 현이는 쓰레기 분리수거해야지! 뚜는 아프니까 쉬고!

➕ 한자 뜻과 음

塞 변방 새, 翁 늙은이 옹, 之 갈 지, 馬 말 마

➕ 사자성어 직독직해

변방(새)에 사는 늙은이(옹)의(지) 말(마)

040 선견지명 先見之明

어떤 일이 발생하기 전에 미리 예측하여 대처하는 지혜로움을 뜻하는 말이다.

우리 할아버지는 일찍이 영어의 중요성을 알고 언어 공부를 한 선견지명을 갖춘 분이셨다.

발생 어떤 일이나 사물이 생겨남. **예측** 미리 헤아려 짐작함.

➕ **한자 뜻과 음**

先 먼저 선, **見** 볼 견, **之** 갈 지, **明** 밝을 명

➕ **사자성어 직독직해**

앞서(선) 볼 수 있는(견) 안목(명)

041 설상가상 雪上加霜

좋지 않은 일이 겹쳐서 일어나는 것을 뜻하는 말이다.

오늘 아침에 늦잠을 자서 학교에 지각했는데 설상가상으로 지갑까지 잃어버렸다.

➕ 한자 뜻과 음

雪 눈 설, 上 윗 상, 加 더할 가, 霜 서리 상

➕ 사자성어 직독직해

눈(설) 위에(상) 서리(상)가 더해지다(가).

042 소탐대실 小貪大失

작은 이익에 욕심을 내다가 큰 손해를 입게 된다는 말이다.

소탐대실하지 않도록 신중하게 결정해야 한다.

이익 물질적으로나 정신적으로 보탬이 되는 것

➕ 한자 뜻과 음

小 작을 소, 貪 탐할 탐, 大 클 대, 失 잃을 실

➕ 사자성어 직독직해

작은(소) 것을 탐하다가(탐) 큰(대) 것을 잃는다(실).

043 속수무책 束手無策

어떻게 할 방법이 없이 꼼짝 못 하는 상황을 뜻하는 말이다.

동생이 고집을 부리기 시작하면 누구의 말도 듣지 않아 그야말로 속수무책이다.

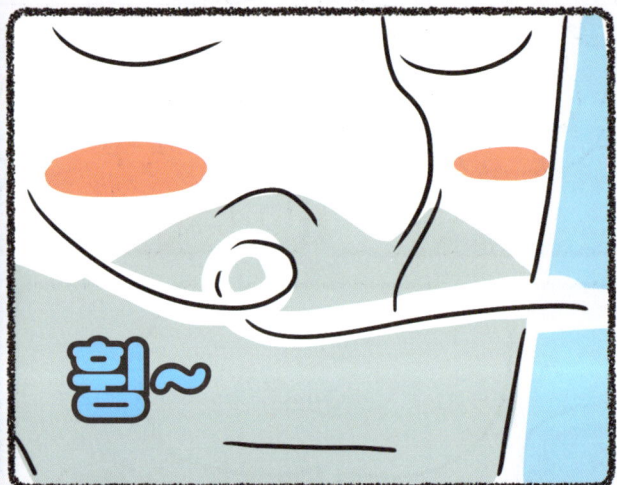

➕ 한자 뜻과 음

束 묶을 속, 手 손 수, 無 없을 무, 策 꾀 책

➕ 사자성어 직독직해

손(수)을 묶여(속) 어떠한 계책(책)을 세울 수가 없다(무).

수주대토 守株待兔

융통성이 없고 되지도 않을 일을 고집하는 어리석은 사람을 뜻하는 말이다.

학급 회의 시간에는 누구도 수주대토하지 말고 학급 친구들의 다양한 의견을 수렴해야 한다.

수렴 돈이나 물건 따위를 거두어들임.

네, 알겠어요! 그럼 주말까지 완성해서 보내드릴게요!

무슨 전화야?

출판사인데, 삽화 작업을 해달라고 하시네?

호호!

당신 요즘, 그림 그리고 싶어했는데 잘 됐네!

응! 오랜만에 그림 그릴 생각하니 너무 설레.

며칠 후

퀑~

➕ 한자 뜻과 음

守 지킬 수, 株 그루 주, 待 기다릴 대, 兔 토끼 토

➕ 사자성어 직독직해

그루터기(주)를 지켜보며(수) 토끼(토)를 기다린다(대).

아비규환 阿鼻叫喚

차마 눈 뜨고 보기 어려운 참상을 뜻하는 말이다.

대형 교통사고가 난 삼거리는 그야말로 아비규환이었다.

참상 비참하고 끔찍한 상태나 상황

오!

형! 이 풀 크기 좀 봐! 엄청나!

애벌레 크기도 엄청난데?

방긋! 방긋!

크악!

+ **한자 뜻과 음**

阿 언덕 아, 鼻 코 비, 叫 부르짖을 규, 喚 부를 환

+ **사자성어 이야기**

불교에서 말하는 아비지옥과 규환지옥을 이르는 말로, 고통으로 울부짖음을 뜻하는 말이다.

046 아전인수 我田引水

자기 욕심을 채우려고 이기적인 생각이나 행동을 하는 것을 말한다.

아무리 오빠가 좋다고 해도 아전인수식으로 심한 장난을 치거나 괴롭히는 행동을 하는 것은 옳지 못하다.

엄마가 아이스크림 사 왔다. 같이 먹자!
와!

네가 좀 퍼 줄래?
네!

하나~

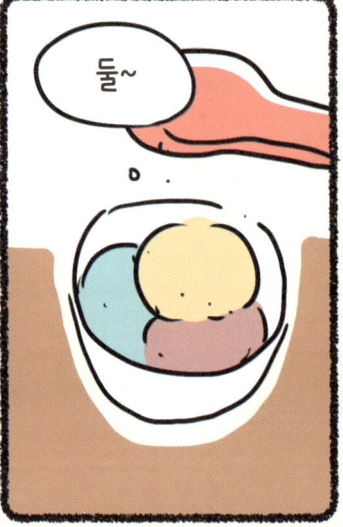
둘~

셋! 됐지?

➕ 한자 뜻과 음

我 나 아, 田 밭 전, 引 끌 인, 水 물 수

➕ 사자성어 직독직해

자기(아) 밭(전)에만 물(수)을 끌어넣는다(인).

쓱·싹 047 양자택일 兩者擇一

둘 중에서 하나를 선택한다는 말이다.

미국으로 갈지 아니면 이곳에 남을지 양자택일해야 한다.

➕ 한자 뜻과 음

兩 두 량(양), 者 놈 자, 擇 가릴 택, 一 한 일

➕ 사자성어 직독직해

두(양) 개(자) 중에 하나(일)를 택한다(택).

048 어부지리 漁夫之利

두 사람이 싸우는 바람에 엉뚱한 사람이 덕을 가로채게 된다는 말이다.

1, 2등을 하던 선수끼리 싸움이 나는 바람에 3등 선수가 어부지리로 다음 라운드에 진출하게 되었다.

+ 한자 뜻과 음

漁 고기 잡을 어, 夫 지아비 부,
之 갈 지, 利 이로울 리(이)

+ 사자성어 직독직해

고기 잡는(어) 사람(부)의(지) 이익(리)

049 언중유골 言中有骨

일반적인 말 속에 정확하고 핵심적인 뜻이 담겨 있다는 말이다.

언중유골 심사평에 도전자의 표정이 한순간 어두워졌다.

드디어 완성했어!

여보. 이리 와 봐! 새로운 캐릭터야! 어때?

흠…

시대를 많이 앞선 캐릭터 같아! 한 50년? 아니, 100년!

➕ 한자 뜻과 음

言 말씀 언, 中 가운데 중, 有 있을 유, 骨 뼈 골

➕ 사자성어 직독직해

말씀(언) 중에(중) 뼈(골)가 있다(유).

050 역지사지 易地思之

상대방과 나의 입장을 바꾸어서 생각해 보는 것을 뜻하는 말이다.

 서로 의견이 다를 때에는 싸우지 말고 역지사지의 자세로 다시 문제를 해결해 나가는 것이 좋다.

티격 태격

왜 말을 안 들어?

형도 안 들었잖아!

워! 워! 동생들! 무슨 일이야? 이 큰 형님한테 이야기해 봐!

형이가 내 방 어지럽혀 놓고 안 치우잖아!

형도 저번에 내 방 엉망으로 만들었는데 안 치웠었단 말야!

아휴, 얘들아. **역지사지**로 생각해 봐!

➕ 한자 뜻과 음

易 바꿀 역, 地 땅 지, 思 생각 사, 之 갈 지

➕ 사자성어 직독직해

땅(지)을 바꾸어(역) 생각하다(사).

오리무중 五里霧中

어떤 일에 대해 방향이나 결정을 어떻게 내려야 할지 갈피를 잡기 어렵다는 말이다.

오랫동안 사건을 조사하였지만, 결국 밝혀내지 못하고 그 사건의 원인은 오리무중이 되었다.

갈피 일이나 사물의 갈래가 구별되는 어름

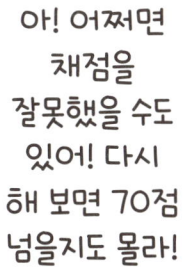

+ **한자 뜻과 음**

五 다섯 오, 里 마을 리(이), 霧 안개 무, 中 가운데 중

+ **사자성어 직독직해**

다섯(오) 마을(리)이 안개(무) 속(중)에 있다.

052 오매불망 寤寐不忘

자나 깨나 잊지 못하는 마음을 뜻하는 말이다.

할머니는 50여 년이 지났는데도 아직도 북한에 두고 온 가족을 오매불망 그리워하신다.

➕ 한자 뜻과 음

寤 잠 깰 오, 寐 잘 매, 不 아닐 부, 아닐 불, 忘 잊을 망

➕ 사자성어 직독직해

자나(매) 깨나(오) 잊지(망) 아니하다(불).

053 오비이락 烏飛梨落

관계 없는 일들이 비슷한 시기에 일어나는 바람에 억울하게 의심을 받게 된 상황을 말한다.

오비이락이라고 하필 내가 지나갈 때 동생이 넘어지는 바람에 민 것 아니냐는 의심을 받았다.

한자 뜻과 음

烏 까마귀 오, 飛 날 비, 梨 배나무 리(이), 落 떨어질 락(낙)

사자성어 직독직해

까마귀(오)가 날자(비) 배(이)가 떨어졌다(락).

054 오합지졸 烏合之卒

갑자기 급하게 모아서 질서가 없고 훈련이 안 된 군사를 뜻하는 말이다.

 처음에 사람들은 우리를 오합지졸이라고 놀렸지만 1년 만에 우리 팀이 우승을 하자 놀라워하며 칭찬을 하였다.

한자 뜻과 음

烏 까마귀 오, 合 합할 합, 之 갈 지, 卒 군사 졸

사자성어 직독직해

까마귀(오)를 모아놓은(합) 군대(졸)

055 온고지신 溫故知新

옛 학문을 익히고, 새로운 학문을 배우면 비로소 스승이 될 수 있다는 말이다.

선생님이 새학기 첫날이니 온고지신의 자세로 열심히 공부하라고 말씀하셨다.

한자 뜻과 음

溫 익힐 온, 故 옛 고, 知 알 지, 新 새 신

사자성어 직독직해

옛(고)것을 익히고(온) 새로운 것(신)을 안다(지).

와신상담 臥薪嘗膽

어떤 목표를 위해 고난과 힘겨움도 참고 이겨 낸다는 말이다.

그는 와신상담 끝에 대회에서 엄청난 성과를 이루었다.

뚜야, 왜 이렇게 운동을 과하게 하는 거니?

오늘 저녁에 시후랑 대결이 있거든! 지난번에 내가 졌기 때문에 오늘은 이기고 싶어!

➕ 한자 뜻과 음

臥 누울 와, 薪 섶 신, 嘗 맛볼 상, 膽 쓸개 담

➕ 사자성어 직독직해

섶나무(신)에 누워서(와) 쓸개(담)를 맛본다(상).

057 외유내강 外柔內剛

겉은 부드럽고 순하지만 속은 강하고 굳세다는 말이다.

나의 어머니는 여린 듯 보이지만 알고 보면 외유내강의 여성이시다.

➕ 한자 뜻과 음

外 바깥 외, **柔** 부드러울 유, **內** 안 내, **剛** 굳셀 강

➕ 사자성어 직독직해

바깥(외)은 부드럽고(유) 속(내)은 굳세다(강).

058 용두사미 龍頭蛇尾

처음엔 크게 잘 시작했으나 끝은 흐지부지하고 나빠진다는 것을 뜻하는 말이다.

오빠가 쓴 소설은 처음엔 정말 재미있지만 결국 용두사미로 끝이 났다.

얘들아! 운동하러 가자!

아빠! 오늘은 쉬면 안 돼요?

이번 달부턴 열심히 운동하기로 약속했잖아!

아잉! 오늘은 쉬고 싶어요!

계획이 이렇게 **용두사미**가 되면 안 되는데….

오늘만 쉬고 내일부터 열심히 할게요.

그래, 알았다. 그럼 오늘은 나 혼자 운동할게!

➕ 한자 뜻과 음

龍 용 룡(용), 頭 머리 두, 蛇 뱀 사, 尾 꼬리 미

➕ 사자성어 직독직해

용(용)의 머리(두)와 뱀(사)의 꼬리(미)

059 우공이산 愚公移山

우직하게 끊임없이 노력한 사람은 언젠가 큰 성과를 낸다는 뜻의 말이다.

무슨 일을 하든 중간에 포기하지 않고 우공이산을 마음에 새기고 묵묵히 해나가는 것이 중요하다.

➕ 한자 뜻과 음

愚 어리석을 우, 公 공평할 공,
移 옮길 이, 山 뫼 산

➕ 사자성어 직독직해

우공(우공)이라는 사람이 산(산)을 옮긴다(이).

060 우이독경 牛耳讀經

아무리 말해 주고 가르쳐 주어도 알아듣지 못한다는 뜻의 말이다.

내가 자세히 설명해 주었지만 상대방은 끝까지 우이독경식의 태도를 보였다.

061 유구불언 有口不言

하고 싶은 말이 있어도 불편하고 거북해서 일부러 말하지 않는 것을 말한다.

나는 동생에게 불만이 많지만 가족끼리 사이가 멀어질 것 같아 일부러 유구불언하였다.

거북하다 마음이 어색하고 편하지 않다.

➕ 한자 뜻과 음

有 있을 유, **口** 입 구, **不** 아닐 불, 아닐 부, **言** 말씀 언

➕ 사자성어 직독직해

입(구)이 있지만(유) 말(언)을 하지 않는다(불).

062 유일무이 唯一無二

오직 하나만 있고 둘도 없다는 말이다.

너는 나에게 유일무이한 소중한 친구야.

이렇게 높은 나무는 처음 올라와 봐!
맞아, 나도 처음이야!

너 어렸을 땐 나무 타기 좋아했잖아?
그거야 어렸을 때 얘기지. 지금은 아니야.

➕ **한자 뜻과 음**

唯 오직 유, 一 한 일, 無 없을 무, 二 두 이

➕ **사자성어 직독직해**

오직(유) 하나(일)만 있고 둘(이)은 없다(무).

쓱-싹- 063 이심전심 以心傳心

말하지 않아도 마음이 전달되어 서로 뜻이 통한다는 말이다.

마을 사람들은 이심전심으로 수재민을 위해 발 벗고 나섰다.

➕ 한자 뜻과 음

以 써 이, 心 마음 심, 傳 전할 전

➕ 사자성어 직독직해

마음(심)이 마음(심)으로(이) 전해지다(전).

064 인과응보 因果應報

어떤 결과가 나타난 것은 그것에 맞는 원인이 있었기 때문이라는 뜻의 말이다.

악당이 감옥에 가게 되면서 사건은 인과응보로 끝이 났다.

한자 뜻과 음

因 인할 인, 果 실과 과, 應 응할 응, 報 갚을 보

사자성어 직독직해

원인(인)과 결과(과)는 그에 상응(응)한 갚음(보)을 받는다.

065 일거양득 一擧兩得

한 가지 일을 해서 두 가지 이익을 얻는다는 말이다.

 주말에 가족들과 조개 잡으러 갔었는데, 내가 잡은 조개에서 진주가 나와서 일거양득의 효과를 얻었다.

어머! 우리 딸! 요즘 매일 책을 읽네?

네, 재밌어요!

오늘은 명심보감 읽는구나! 어렵지 않아?

네! 천천히 읽으면 다 이해돼요.

기특해라! 엄마가 간식 줄게. 책 읽으면서 먹어.

네.

➕ 한자 뜻과 음

一 한 일, 擧 들 거, 兩 두 량(양), 得 얻을 득

➕ 사자성어 직독직해

한번(일) 들어서(거) 두 개(양)를 얻는다(득).

일장춘몽 一場春夢

덧없이 사라지는 부질없는 헛된 일들을 뜻하는 말이다.

일은 하지 않고 놀기만 하더니 두 사람이 계획한 행복한 미래도 일장춘몽으로 끝나 버렸다.

덧없다 보람이나 쓸모가 없어 헛되고 허전하다. **부질없다** 대수롭지 아니하거나 쓸모가 없다.

엄마 5분 후면 도착한다. 어지럽힌 거 잘 치워 놨겠지?

네! 깨끗해요!

잘했어! 오늘은 특별히 용돈 10만 원씩 줄게!

우아! 엄마가 용돈 10만 원씩 주신대!

와! 야호!

난 피규어 세트 살 거야!

나는 레고 장난감 사야지!

나는 농구공 살 거야!

난 장난감!

한자 뜻과 음

一 한 일, 場 마당 장, 春 봄 춘, 夢 꿈 몽

사자성어 직독직해

한(일)바탕(장)의 봄(춘)날의 꿈(몽)

067 일취월장 日就月將

하루하루 발전해 나아가 크게 성장한다는 말이다.

매일매일 꾸준히 연습한 결과, 오빠의 바이올린 연주 실력이 일취월장 하였다.

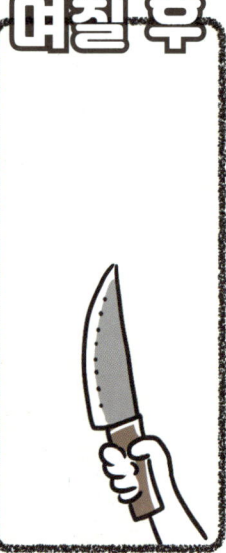

➕ 한자 뜻과 음

日 날 일, **就** 나아갈 취, **月** 달 월, **將** 장수 장, 장차 장

➕ 사자성어 직독직해

날(일)마다 나아가고(취) 달(월)마다 발전한다(장).

일편단심 一片丹心

오로지 한 곳을 향한 변치 않는 참된 마음을 뜻하는 말이다.

아내와 남편은 서로를 일편단심으로 사랑해야 한다.

한자 뜻과 음

一 한 일, 片 조각 편, 丹 붉을 단, 心 마음 심

사자성어 직독직해

한(일) 조각(편)의 붉은(단) 마음(심)

069 임기응변 臨機應變

그때그때 처한 상황에 맞게 일을 처리한다는 뜻의 말이다.

언니는 임기응변에 능해서 혼나는 일이 적다.

+ **한자 뜻과 음**

臨 임할 림(임), 機 틀 기, 應 응할 응, 變 변할 변

+ **사자성어 직독직해**

임할(임) 때(기) 변화(변)하면서 대응(응)한다.

070 입신양명 立身揚名

세상에서 인정받고 출세하여 유명해지는 것을 뜻하는 말이다.

그는 오로지 자신의 입신양명에만 관심이 있었다.

출세 사회적으로 높은 지위에 오르거나 유명하게 됨.

071 자격지심 自激之心

자기가 이룬 일의 결과에 대해 스스로 부족하다고 여기는 마음을 뜻하는 말이다.

나는 그의 작품과 나의 작품을 비교해 보다가 자격지심에 고개를 떨구었다.

한자 뜻과 음

自 스스로 자, 激 격할 격, 之 갈 지, 心 마음 심

사자성어 직독직해

스스로(자) 부딪침(격)이 있는(지) 마음(심)

자승자강 自勝者强

자기 자신을 이기는 사람이 강한 사람이라는 뜻의 말이다.

그녀는 자승자강의 정신으로 노력하여 세계 최고의 피겨 스케이팅 선수가 될 수 있었다.

➕ 한자 뜻과 음

自 스스로 자, 勝 이길 승, 者 놈 자, 強 강할 강

➕ 사자성어 직독직해

자신을(자) 이기는(승) 사람이(자) 강하다(강).

쓱·싹 073 자업자득 自業自得

자신이 저지른 일의 결과를 자기가 받는다는 말이다.

시험 공부를 열심히 안 해서 시험 성적이 잘 나오지 않은 것은 다 너의 자업자득이다.

오빠들! 나랑 놀자!

꼭꼭 숨어라. 머리카락 보일라.
넷이서 재밌게 노네!

흑흑….
어? 랄라야, 왜 그래?

➕ 한자 뜻과 음

自 스스로 자, 業 업 업, 得 얻을 득

➕ 사자성어 직독직해

자신이(자) 저지른 일(업)의 결과를 자신(자)이 받는다(득).

쓱-싹- 074 작심삼일 作心三日

굳게 마음 먹은 일이 얼마 후 흐지부지되는 것을 뜻하는 말이다.

매일 한 장씩 그림을 그리기로 결심했는데 일주일도 안 지나 작심삼일로 끝나고 말았다.

아… 어제 일정을 제대로 못했구나! 이번엔 계획표대로 꼭 잘 지키려고 했는데….

어떻게 이렇게 매번 **작심삼일**이 되느냔 말이다!

아… 이번에도 계획표 지키기가 작심삼일된 거야?

부럽다! 정말 부러워!

찌릿!

뭐야?

+ **한자 뜻과 음**

作 지을 작, 心 마음 심, 三 석 삼, 日 날 일

+ **사자성어 직독직해**

결심한(작) 마음(심)이 삼(삼)일(일)로 끝나다.

075 전전긍긍 戰戰兢兢

몸을 떨며 몹시 두려워하는 심정을 뜻하는 말이다.

그는 비밀이 탄로 날까 봐 전전긍긍하며 하루하루를 보냈다.

+ **한자 뜻과 음**

戰 싸움 전, 두려워할 전, 兢 떨릴 긍

+ **사자성어 직독직해**

두려워하고(전) 두려워하여(전) 떨리고(긍) 떨린다(긍).

076 전화위복 轉禍爲福

근심, 걱정, 재앙 같은 나쁜 일들이 오히려 바뀌어 복이 된다는 말이다.

그림 대회에서 입상하지 못해 실망하고 있는데, 아빠께서 오시더니 이 상황을 전화위복의 기회로 삼길 바란다고 말씀하셨다.

근심 해결되지 않는 일 때문에 우울해함.

➕ 한자 뜻과 음

轉 구를 전, 바꿀 전, **禍** 재앙 화, **爲** 할(될) 위, **福** 복 복

➕ 사자성어 직독직해

재앙(화)이 변하여(전) 복(복)이 되다(위).

077 점입가경 漸入佳境

일이 점점 흥미롭게 진행된다는 말이다.

어제 체육대회를 했는데 청팀 홍팀의 마지막 경기 대결이 점입가경이었다.

흥미롭다 흥을 느끼는 재미가 있다.

➕ 한자 뜻과 음

漸 점점 점, 入 들 입, 佳 아름다울 가,
境 지경 경

➕ 사자성어 직독직해

들어갈수록(입) 점점(점) 경치(경)가
아름답다(가).

조삼모사 朝三暮四

잔꾀로 다른 사람을 농락하는 사람, 또는 그 농락에 속는 어리석은 사람을 뜻하는 말이다.

지금 당장 위기를 피하려고 그런 조삼모사 식의 행동을 하는 건 옳지 않아요.

농락 남을 교묘한 꾀로 휘어잡아서 제 마음대로 놀리거나 이용함.

➕ **한자 뜻과 음**

朝 아침 조, 三 석 삼, 暮 저물 모, 四 넉 사

➕ **사자성어 직독직해**

아침(조)에 세(삼) 개, 저녁(모)에 네(사) 개

주객전도 主客顛倒

두 사람의 입장이 서로 뒤바뀐 것을 뜻하는 말이다.

두 사람의 대화를 듣다 보니 환자와 의사가 주객전도된 것 같았다.

➕ **한자 뜻과 음**

主 임금 주, 客 손 객, 顚 엎드러질 전, 倒 넘어질 도

➕ **사자성어 직독직해**

주인(주)과 손님(객)의 위치가 넘어져(도) 뒤바뀌다(전).

주경야독 畫耕夜讀

어렵고 힘든 상황 속에서도 열심히 공부하는 것을 뜻하는 말이다.

큰오빠는 시험을 앞두고 일 년 동안 주경야독하여 대학에 합격할 수 있었다.

쓱-싹-081 죽마고우 竹馬故友

어릴 때부터 친하게 지내며 자란 오래된 친구를 뜻하는 말이다.

 같은 동네에서 자란 두 사람은 누가 죽마고우 아니랄까 봐 장난치는 것마저 똑 닮았다.

한자 뜻과 음

竹 대 죽, 馬 말 마, 故 연고 고, 友 벗 우

사자성어 직독직해

대나무(죽) 말(마)을 타고 놀던 옛날(고) 친구(우)

지록위마 指鹿爲馬

사실이 아닌 것을 끝까지 우겨서 상대방을 농락하는 행위를 뜻하는 말이다.

내가 분명히 봤는데도 계속 지록위마할 거니?

행위 사람이 의지를 가지고 하는 짓

➕ 한자 뜻과 음

指 가리킬 지, 鹿 사슴 록(녹), 爲 할 위, 馬 말 마

➕ 사자성어 직독직해

사슴(녹)을 가리켜(지) 말(마)이라고 한다(위).

083 지피지기 知彼知己

적과 나의 상황을 모두 잘 알아야 한다는 뜻의 말이다.

지피지기면 백전백승이라고 했으니 이 상황을 잘 해결해 나갈 수 있을 것이다.

백전백승 싸울 때마다 다 이김.

형! 바둑 대회 준비 잘 되어가? 떨리지?

전혀! 내일 대회는 내가 이길 확률이 아주 높거든!

어째서?

상대방을 완벽하게 파악했기 때문이지!

김도은 선수를?

지역에서 꽤 유명한 선수라 정보를 얻는 게 어렵지 않았어!

기본수를 어떻게 쓰는지, 어떤 버릇이 있는지, 그동안 어떤 실수를 했었는지까지 모두 파악했어!

반면, 김도은 선수는 바둑계의 신인인 나에 대해서 알아낼 수 없겠지? 그러니 내가 이길 확률이 더 높은 거야!

+ 한자 뜻과 음

知 알 지, 彼 저 피, 己 몸 기

+ 사자성어 직독직해

저(피)를 알고(지) 내 몸(기)을 알다(지).

084 진퇴양난 進退兩難

이러지도 못하고 저러지도 못하는 매우 난처한 상태를 뜻하는 말이다.

친구들은 자기의 길을 잘 찾아가는 것 같은데 나만 진퇴양난에 빠진 것 같다.

난처하다 이럴 수도 없고 저럴 수도 없어 곤란하다.

➕ **한자 뜻과 음**

進 나아갈 진, 退 물러날 퇴,
兩 두 량(양), 難 어려울 난

➕ **사자성어 직독직해**

나아가기도(진) 물러나기도(퇴)
둘(양) 다 어렵다(난).

085 천신만고 千辛萬苦

온갖 어려움과 고비를 겪으며 심하게 고생한 것을 뜻하는 말이다.

그는 천신만고 끝에 고국으로 돌아올 수 있었다.

고국 자신의 조상 때부터 살던 나라를 이르는 말

086 천재지변 天災地變

자연 때문에 발생한 지진, 홍수, 태풍 등의 재앙을 뜻하는 말이다.

어제 큰비가 내려 피해를 입은 친구들이 학교에 오지 못하자 선생님은 천재지변으로 인한 결석이라며 이해해 주셨다.

➕ 한자 뜻과 음

天 하늘 천, **災** 재앙 재, **地** 땅 지, **變** 변할 변

➕ 사자성어 직독직해

하늘(천)의 재앙(재)으로 땅(지)이 변하다(변).

087 청출어람 靑出於藍

제자나 후배가 스승이나 선배보다 더 나음을 뜻하는 말이다.

청출어람이라더니 네 아버지보다 뛰어난 실력을 가졌구나!

완성 됐어요!
짜 잔!

우와! 혀니가 요리를 다 하다니! 보고도 믿기지 않는구나!

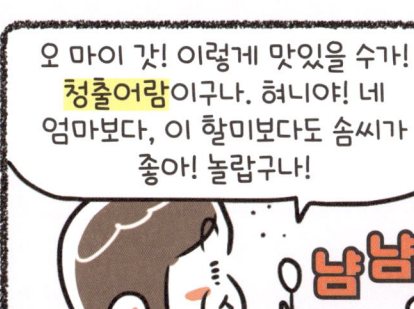

➕ 한자 뜻과 음

靑 푸를 청, 出 날 출, 於 어조사 어, 藍 쪽 람(남)

➕ 사자성어 직독직해

푸른 색(남)에서 나왔으나(출) 더 푸르다(청).

088 초지일관 初志一貫

처음에 세운 뜻을 이루기 위해 끝까지 밀고 나아가는 것을 뜻하는 말이다.

아버지는 초등학교 때 스승님과 한 약속을 초지일관으로 끝까지 지키셔서 작가가 되셨다.

한자 뜻과 음

初 처음 초, 志 뜻 지, 一 한 일, 貫 꿸 관

사자성어 직독직해

처음(초) 세운 뜻(지)을 일관되게(일) 뚫고 간다(관).

089 촌철살인 寸鐵殺人

간단한 말로 타인을 감동시키거나 약점을 찌를 수 있다는 뜻의 말이다.

그의 만화는 촌철살인의 풍자로 인기를 끌고 있다. 그리고 그는 촌철살인의 농담으로 그녀의 마음에 상처를 입혔다.

타인 다른 사람

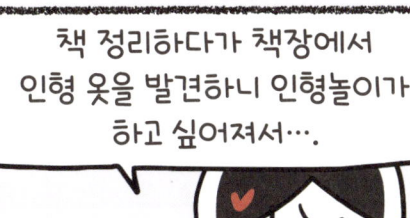

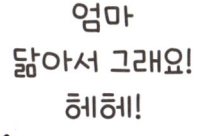

➕ 한자 뜻과 음

寸 마디 촌, 鐵 쇠 철, 殺 죽일 살, 人 사람 인

➕ 사자성어 직독직해

한 마디(촌) 크기의 쇠붙이(철)로 사람(인)을 죽인다(살).

침소봉대 針小棒大

바늘처럼 작은 일을 막대기처럼 크다고 부풀리는 것을 뜻하는 말이다.

어머니는 남의 잘못을 너무 침소봉대하지 말라고 하셨다.

➕ 한자 뜻과 음

針 바늘 침, 小 작을 소, 棒 막대 봉, 大 클 대

➕ 사자성어 직독직해

바늘(침)처럼 작은(소) 것을 큰(대) 막대(봉)라고 한다.

091 타산지석 他山之石

다른 사람의 작은 언행이나 실수가 나에게는 큰 교훈이나 도움이 될 수 있다는 말이다.

아버지는 실패담을 농담처럼 가볍게 말씀하셨지만 나는 그 이야기를 타산지석으로 삼기로 하였다.

언행 말과 행동 **교훈** 앞으로의 행동이나 생활에 지침이 될 만한 것을 가르침.

얘들아! 독서 노트 좀 가져오렴!

네!

흠….

션! 네 독서 노트를 보면 무슨 생각이 드니?

음….

내용이 알차고 느낀 점을 정말 잘 쓴 것 같아요!

그래! 내용은 잘 썼지. 그런데….

글씨가 이게 뭐니? 줄도 안 맞추고, 띄어쓰기도 제대로 안 하고! 삐뚤빼뚤 엉망진창이잖아!

아… 그, 그렇긴 하네요.

+ **한자 뜻과 음**

他 다를 타, 山 메 산, 之 갈 지, 石 돌 석

+ **사자성어 직독직해**

다른(타) 산(산) 의(지) 돌(석)

092 토사구팽 兎死狗烹

필요할 때는 써 먹고 필요가 없을 때는 가혹하게 버린다는 뜻의 말이다.

회장 선거 때는 도와달라고 하더니 회장이 된 후에는 나를 토사구팽하였다.

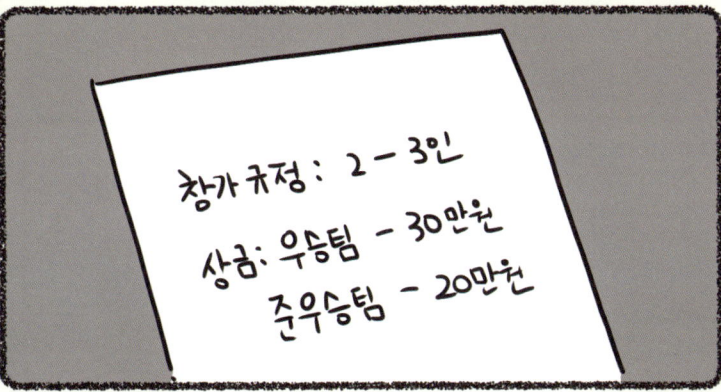

+ 한자 뜻과 음

兎 토끼 토, 死 죽을 사, 狗 개 구, 烹 삶을 팽

+ 사자성어 직독직해

토끼(토)가 죽으면(사) 사냥개(구)를 삶는다(팽).

093 파죽지세 破竹之勢

아무도 못 막을 정도로 거침없이 나아가는 강한 기세를 뜻하는 말이다.

오빠는 그림 대회에서 파죽시세로 결승전까지 진출하였다.

+ 한자 뜻과 음

破 깨뜨릴 파, 竹 대 죽, 之 갈 지, 勢 형세 세

+ 사자성어 직독직해

대나무(죽)를 쪼개는(파) 듯한(지) 기세(세)

표리부동 表裏不同

마음이 음흉해서 겉과 속이 다르다는 뜻의 말이다.

그의 표리부동한 인생을 보는 것이 너무나 실망스러웠다.

음흉하다 겉으로는 부드러워 보이나 속으로는 엉큼하고 흉악하다.

➕ 한자 뜻과 음

表 겉 표, 裏 속 리(이), 不 아닐 부, 同 한가지 동

➕ 사자성어 직독직해

겉(표)과 속(리)이 같지(동) 아니하다(부).

풍전등화 風前燈火

매우 위태롭고 위급한 처지에 놓여 있다는 말이다.

그는 심사에서 탈락될 위기에 처했는데, 그가 풍전등화의 위기를 어떻게 극복할 것인지 궁금하다.

쓱-싹- 096 함흥차사 咸興差使

심부름 가서 오지 않거나 아주 늦게 온 사람을 이르는 말이다.

이모는 잠시 바람을 쐬고 또 놀러 오겠다고 말하였는데 몇 달째 함흥차사이다.

➕ 한자 뜻과 음

咸 다 함, 興 일 흥, 差 다를 차, 使 하여금 사

➕ 사자성어 이야기

태조가 왕위를 물려주고 함흥에 있을 때에 태종이 보낸 차사를 돌려보내지 않은 데서 유래한다.

쓱-싹- 097 형설지공 螢雪之功

고생 속에서도 부지런하고 꾸준하게 공부하는 자세를 뜻하는 말이다.

지금의 자리에 오르기까지 그는 형설지공의 자세로 노력하였다.

타당 타당!

삑!

후유! 생각보다 쉽지 않네? 그래도 열심히 만들어서 아이들한테 선물해 줘야지!

타당! 아야!

괜찮아? 이걸 아직도 하고 있는 거야?

응! 한 개 더 완성해야 하는데 손이 이렇게 됐어!

아휴! 한 개는 내가 해줄게!

응. 부탁해!

+ **한자 뜻과 음**

螢 반딧불이 형, 雪 눈 설, 之 갈 지, 功 공 공

+ **사자성어 직독직해**

반딧불(형)과 눈(설)과 함께 이룬 공(공)

098 호가호위 狐假虎威

남의 힘을 빌어 위세를 부린다는 말이다.

엄마는 호가호위하려는 사람들을 조심해야 한다고 하셨다.

위세 사람을 두렵게 하여 복종하게 하는 힘, 위엄이 있거나 맹렬한 기세

+ 한자 뜻과 음

狐 여우 호, 假 거짓 가, 빌릴 가,
虎 범 호, 威 위엄 위

+ 사자성어 직독직해

여우(호)가 호랑이(호)의
위세(위)를 빌려 호기(가)를 부린다.

화룡점정 畫龍點睛

가장 중요한 부분을 완성하여 일을 끝낸다는 말이다.

나는 라면을 끓일 때 마지막에 화룡점정으로 계란을 넣는다.

+ 한자 뜻과 음

畵 그림 화, 龍 용 룡(용), 點 점 점, 睛 눈동자 정

+ 사자성어 직독직해

용(룡)을 그린(화) 후에 마지막으로 눈동자(정)를 그린다(점).

희로애락 喜怒哀樂

기쁨과 노여움, 슬픔과 즐거움의 감정을 뜻하는 말이다.

할머니의 눈빛에서 삶의 희로애락을 느낄 수 있었다.

노여움 분하고 섭섭하여 화가 치미는 감정

➕ **한자 뜻과 음**

喜 기쁠 희, 怒 성낼 노(로), 哀 슬플 애, 樂 노래 악, 즐거울 락

➕ **사자성어 직독직해**

기쁨(희)과 노여움(로), 슬픔(애)과 즐거움(락)

초판 1쇄 발행 2022년 12월 31일
초판 2쇄 발행 2024년 11월 4일

지은이 인호빵
펴낸이 김영조
편집 김시연, 조연곤 | **디자인팀** 정지연 | **마케팅팀** 김민수, 조애리 | **경영지원팀** 정은진
외부스태프 편집 윤초희 디자인 문수미
펴낸곳 싸이클 | **주소** 서울시 마포구 양화로7길 44, 3층
전화 (02)335-0385 | **팩스** (02)335-0397
이메일 cypressbook1@naver.com | **홈페이지** www.cypressbook.co.kr
블로그 blog.naver.com/cypressbook1 | **포스트** post.naver.com/cypressbook1
인스타그램 싸이프레스 @cypress_book | 싸이클 @cycle_book
출판등록 2009년 11월 3일 제2010-000105호

ISBN 979-11-6032-165-4   73710

- 이 책은 저작권법에 따라 보호를 받는 저작물이므로 무단 전재 및 무단 복제를 금합니다.
- 책값은 뒤표지에 있습니다.
- 파본은 구입하신 곳에서 교환해 드립니다.
- 싸이프레스는 여러분의 소중한 원고를 기다립니다.

싸이 은 싸이프레스의 어린이 도서 브랜드입니다.